LE GARDE NATIONAL

À

L'OBÉLISQUE DE MASSÉNA,

ANECDOTE HISTORIQUE;

SUIVIE

DU RENÉGAT, OU LA VIERGE DE MISSOLONGHI;

Par Madame S. E.,

AUTEUR DES ANECDOTES DU XIXe SIÈCLE ET DES MÉMOIRES D'UNE CONTEMPORAINE.

Cette brochure se vend au bénéfice d'un libraire père de huit enfans, condamné, pour contravention, à trois mois d'emprisonnement et 2,500 francs d'amende.

Prix : 1 fr. 50 c.

PARIS,

LADVOCAT, LIBRAIRE, au Palais-Royal, galerie de bois.

1827.

Imprimerie de SELLIGUE, rue des Jeûneurs, n. 14.

AVANT-PROPOS ET ANNONCE.

Le Renégat ou la Vierge de Missolonghi est la vingtième anecdote que j'ai livrée au *Mercure du dix-neuvième siècle*, et je me déclare auteur de toutes celles dont la liste est ci-après, comme de la première de cette brochure. *Je n'écris que ce que je pense, et ce que je pense aucun pouvoir ne me le fera jamais nier ni désavouer.* Je ne suis ni aidée ni *stimulée* par personne pour composer ces anecdotes, qui n'ont aucun rapport avec la politique, et qui ne rappellent que ce que j'ai vu, beaucoup de grandes actions et de hautes infortunes. Idolâtre de toutes les gloires, j'avoue que je mets la mienne à retracer tout ce qui se rattache à ces braves qui portèrent si loin *la plus brillante de toutes,* la gloire militaire de la France; et pour cela il suffit de mon cœur et de mes souvenirs, sans aide ni *stimulans étrangers.* Les *nobles célébrités* laissent d'immuables impressions, et ma plume n'est consacrée qu'à celles-là. Aujourd'hui, en offrir le produit à une famille plongée dans le malheur, le destiner au soulagement *de l'obscurité industrieuse,* c'est toujours rester dans mes principes; oui, c'est toujours en ennoblir l'usage. C'est en insérant en même temps ici une lettre que j'adressai à la *Pandore*, que je crois répondre aux sots avis donnés par des motifs d'un soi-disant intérêt, que j'apprécie à sa juste valeur.

ANECDOTES

INSÉRÉES AU MERCURE.

* Annoncée dans *le Constitutionnel* du 13 janvier 1827.

17. L'Orpheline de Vérone et le prince Eugène *.

18. L'Heidelbourgeoise, ou le Fils de Dumouriez.

19. Le Renégat ou la Vierge de Missolonghi.

20. L'Ermite de la Calabre, ou le dernier des Médicis.

Nota. Le Recueil de quelques-unes des anecdotes ci-dessus, et plusieurs inédites, formant 2 volumes in-12, est sous presse; chez Moutardier, rue Git-le-Cœur, n. 4. Les Mémoires d'une Contemporaine, 4 vol. in-8°, sont sous presse, chez Ladvocat.

* Annoncée dans *le Constitutionnel* du 14 décembre 1826.

Pandore du 17 décembre 1826.

Messieurs,

On lit dans votre numéro d'aujourd'hui, en terminant les justes éloges du poëme de M. Charière sur Sainte-Hélène : « On s'empressera sans doute de se procurer le poëme que le jeune écrivain a consacré à une *gloire éteinte*, à la grandeur déchue, à Napoléon mort dans l'exil. »

Pardon, Messieurs, si j'ose hasarder une observation. Quoique femme, je crois bien comprendre la gloire de toutes vos mémorables époques. Jamais Napoléon ne me parut plus réellement grand homme, que lorsque *détrôné*, *mais debout*, il parcourait de son regard d'aigle cette mer que tant d'intérêts réunis croyaient à peine une assez puissante barrière contre un seul homme. Napoléon porta trop loin la gloire française, pour qu'on puisse jamais dire *sa gloire éteinte* : *il y a des cyprès beaux comme des lauriers......* et ils croissent au Mont-Saint-Jean.....

Jamais mon imagination n'attacha la grandeur de Napoléon au trône : il était grand homme avant d'être empereur, il le fut plus encore au rocher de Sainte-Hélène qu'à Tilsitt même, où les empereurs et les rois briguaient un de ses regards. Pour dire *éteinte* la gloire de Napoléon, il faudrait oublier *Lodi*, *Arcole*, *Marengo*,

Jéna, Wagram, Austerlitz, Montmirail, Champ-Aubert, Montereau et tant d'autres, son nom même, car les siècles à venir diront avec nous :

> Demandez à la terre
> Ce nom, il est inscrit en *noble* caractère
> Des bords du Tanaïs au sommet du Cédar,
> Sur le bronze et le marbre, et sur le sein des braves,
> Et jusque dans le cœur de ces troupeaux d'esclaves
> Qu'il foulait tremblans sous son char.
>
> DE LAMARTINE.

Je vous prie, messieurs, d'agréer, etc.

LE GARDE NATIONAL

À

L'OBÉLISQUE DE MASSÉNA;

ANECDOTE DU 3 MAI 1827.

> Condamnés à l'exil, aiglons bannis des cieux,
> Sachons du moins, veillant aux gloires paternelles
> Garder de tout affront, jalouses sentinelles,
> Les armures de nos aïeux.

J'AI quelque temps habité Nice. Le hasard m'y procura la connaissance d'un ménage de bons et riches bourgeois qui se disaient parens de Masséna, et qui, fiers, à juste titre, de cette honorable parenté, avaient, je crois, la vaniteuse faiblesse de la rapprocher de plusieurs degrés. Je donnai pleinement dans l'illusion qu'ils cherchaient à se faire : je voyais leurs vertus; et cet orgueil d'être l'allié d'un brave me paraissait une qualité vraiment française; aussi fûmes-nous bientôt les meilleurs amis du monde, et leur bienveillance n'eut plus de bornes. Lorsque l'excellent couple sut que j'avais beaucoup connu le Maréchal, fêtes, repas splendides, parties de campagne, c'était à n'en plus finir. J'ai assisté à de plus brillantes réunions, mais jamais à de plus cordiales, à de plus franchement joyeuses. Je revis le mari en 1820, à Paris, où il était venu, disait-il, *pour déposer un laurier arrosé de ses larmes sur l'obélisque du fils chéri de la victoire* (1). M. Devanne (nom du Niçois) était arrivé le 15 mai, et le 13 avaient eu lieu les obsèques du fils aîné de Masséna, de celui qui avait fait sous son valeureux père l'apprentissage de la gloire. Ce fut un terrible renouvellement de douleur pour ce bon M. Devanne. Venez, me disait-il, visiter leur tombe ; *ajoutons aux lauriers un cyprès. Hélas ! n'est-ce pas sous ce triste ombrage que nous parcourons la vie ?*

Ce n'est pas seulement un excellent homme, c'est encore un homme d'un grand sens que ce parent de Masséna : avant de quitter Paris, il m'avait présenté un de ses amis, habitant de cette capitale, qui, fort jeune, avait fait en Italie sa première campagne sous Masséna, et qui fut blessé dans un de ces combats immortels où l'armée française, suspendue à la cime des Alpes, fut victorieuse de l'armée ennemie qui avait pour elle tous les avantage du nombre, de la position, des vivres , tout.... excepté le courage. Ce *bourgeois de Paris,* que l'amour de la patrie avait enrôlé

(1) Surnom que l'armée donna par acclamation à Masséna, et que la France lui a conservé.

sous les enseignes de la république, quoique vi-
vement recommandé par ses parens, amis de
Masséna, partit soldat volontaire, et ne passa pas
le grade de sergent; il lui fut donné par le chef
qui les avait tous gagnés sur les champs de bataille,
et qui ne connaissait d'autres recommandations
que la bravoure et la discipline. Aussi comme ce
bourgeois de Paris fut fier de ce premier pas vers
les épaulettes! Mais il n'avait pu le faire sans recevoir une blessure, et quoique cette blessure ne
fût ni dangereuse ni mortelle, elle causa une longue
maladie et une pénible convalescence. La guerre
cessa, et de retour dans sa famille, le jeune blessé
ne put défendre un cœur si passionné pour sa patrie contre le pouvoir de la beauté : il épousa,
en 1798, une des plus jolies femmes de la rue
Saint-Denis, dont les deux frères étaient à l'armée,
et le père, caporal de la garde nationale de Paris.
Toutes ces personnes existent, et je vais les dési-
gner seulement par le nom de baptême du père.
Mes relations passées avec Masséna, le trop de bien
que l'excellent Devanne n'avait cessé de leur dire
de moi, établirent aussi un vif intérêt entre nous,
et lorsqu'il partit pour Nice, je promis de venir
souvent leur parler d'un chef chéri et d'un passé
rempli de gloire.

Le 28 avril au soir je rencontrai M. Louis
avec sa belle-fille, sa femme et son fils aîné : rien
ne saurait exprimer la joie, j'ose dire le bonheur de

ces honnêtes gens ! Il fallut par force les suivre , accepter des rafraîchissemens , trinquer à la santé du Roi, au bonheur de la France. « Ah ! vous allez voir , disaient le fils et le père, comme la garde nationale répondra *au rendez-vous de son Roi !* Tenez, rien ne coûtera, buffleterie, bonnet, plumet, habit, tout se renouvelle. Croyez-vous , madame , que plus d'un de nos commis, de nos ouvriers même, font une dépense qui les gênera plus d'un an ! Eh bien ! il n'y songent pas seulement. Cette dépense se fait avec le même plaisir qu'on a donné l'argent des lampions et des pétards par lesquels le peuple a exprimé sa joie et sa reconnaissance, pour la liberté de la presse *que le Roi a rendue à la France.*

» J'espère que vous viendrez demain nous voir au *grand rendez-vous français !* vous verrez, disait le père, une revue que mon ancien chef, le brave Masséna, n'aurait pas désavouée ; il nous a commandés, aussi il savait ce que vaut la garde nationale de Paris..., de la France, on peut dire. » Je quittai ces bons bourgeois, en promettant d'aller les voir au Champ-de-Mars, au rendez-vous du Roi.... J'ai vu cette belle journée, la revue de cette garde nationale qui n'eut point de lendemain.

Persuadée qu'il y aurait un peu de contrariété et d'humeur chez mes amis, je crus devoir laisser passer les premiers mouvemens, ne détestant rien

comme la discussion des maux dont les raisonnemens ne font que mieux sentir les conséquences
funestes, et que les raisonnemens ne réparent
point.... Je n'y allai donc pas. Si j'avais prévu
une douleur, j'y eusse couru le jour même.

Lorsqu'on est à plus que moitié des ans qu'en
général la nature nous accorde, on a presque
toujours vu bien des tombes d'amis, de connais-
sances, se grouper, et il est rare que le souvenir
ne nous fasse souvent alors un besoin, un pénible
plaisir, de visiter des lieux dernier asile de tous...
Ce fut ce sentiment qui me conduisit il y a trois
jours au cimetière de l'Est; il était près de sept
heures, et j'avais passé l'après-dînée à errer parmi
les monumens funèbres qui n'attestent que l'opu-
lence du mort ou l'ostentation des vivans qu'en-
richit son héritage, et de plus modestes tombes,
de plus simples pierres sépulcrales, où de tou-
chantes inscriptions, d'ingénieux emblèmes, an-
noncent des douleurs auxquelles l'âme se plaît
à répondre. Assise quelques instans en silence
à la place que *trois pas mesurent* et qui reçut
les restes d'un héros, sans aucun marbre tumu-
laire, mais où les tendres soins du souvenir firent
éclore la pensée, la marguerite, la violette et
l'immortelle (1), de cette place mes regards
se portèrent vers l'obélisque de Masséna, sur

(1) Les restes mortels de Michel Ney furent déposés au cimetière de
l'Est.

lequel ce nom célèbre se trouve seul inscrit , comme il le signa de son vivant , sans ajouter le titre de prince ni de duc, quoiqu'ils fussent bien d'une bonne noblesse tous ces titres ,

> . . . . Avec le fer conquis
> Et graves par la gloire aux créneaux des murailles.

Dans ce lieu, où , pour l'être qui pense , les passions de l'orgueil, les ambitieuses prérogatives paraissent si misérables, mon cœur se plut de nouveau dans un reconnaissant hommage envers les mânes du brave qui, au jour de malheur, pratiqua si noblement l'oubli des injures envers un guerrier rival de gloire, un compagnon d'illustration , un héros malheureux (1). Je fus tirée de ma douloureuse rêverie par l'arrivée et par l'attitude d'une personne arrêtée au pied de l'obélisque. Je me levai aussitôt marchant vers ce côté : une voix secrète me disait : il y a des rapports entre toi et cette personne... Effectivement, c'était l'ancien sergent de Masséna, *M. Louis père*, *l'ex - garde national....*

Je l'observai quelque temps : il y avait de la tristesse et de l'indignation dans son regard, et dans son attitude une noble fierté... « Toi ! s'écria-t-il en

(1) Masséna avait, dans la retraite d'Espagne , eu de grands différens avec Ney qui se livra trop à son ardent caractère. Masséna, aussitôt après l'arrestation de l'infortuné maréchal, réclama pour lui, se rangea du côté de ses défenseurs, se déclara pour l'incompétence du conseil de guerre. (*Historique.*)

» étendant la main vers l'obélisque de Masséna,
» toi qui nous commandas aussi, toi qui sus ré-
» sister à l'ordre de celui qui te vit vaincre pen-
» dant vingt années, toi qui n'arboras point le
drapeau *d'Esling sur les murs de Toulon*, toi
» resté fidèle à tes nouveaux sermens, tu fus
» aussi abreuvé de dégoûts, tu connus, tu com-
» mandas cette garde nationale qui entoura de
» son égide, qui salua de ses acclamations *un Fran-*
» *çais de plus* qu'elle conduisit en triomphe, décoré
» de cet uniforme qu'on avilit aujourd'hui... Tu
» nous vis dans les jours de trouble... Ombre d'un
» héros, dis, oh! dis du fond de ton mausolée, si
» la garde nationale mérita jamais, si elle peut
» mériter une mesure digne seulement de factieux
» et de traîtres? Le voilà, cet habit de garde na-
» tional dont je ne me sépare qu'avec douleur.
» J'ai fait volontairement le service honorable de
» veiller au maintien de l'ordre, à la sûreté de
» foyers... maintenant, après le cruel affront, nos
» le Roi seul pourra nous rendra notre zèle. »
Ici il se tut, quitta l'obélisque, et prit lentement le chemin de la sortie du cimetière. Je le
suivis en silence : sa contenance était devenue
sombre, il se parlait à lui-même, de vives excla-
mations lui échappèrent, et à chacune d'elles
mon étonnement allait croissant. J'avoue que
malgré l'opinion avantageuse que j'avais de l'ancien sergent de Masséna, j'étais loin de supposer
un si grand caractère à ce soldat citoyen : car

cet ex-garde national se plaignant d'une injure
sur la tombe de son ancien commandant, me
rappela les véritables Romains, déplorant l'es-
clavage de Rome sur les cendres de Caton et de
Brutus.

LE RENÉGAT

ou

LA VIERGE DE MISSOLONGHI.

Et ces forts éclatés, ces ruines fumantes,
Obscurcissent la gloire et l'avenir des rois,

———

Missolonghi n'était plus !... A la suite de l'héroï-
que phalange qui, sur le penchant de l'Aracynthe,
venait de disperser les perfides Albanais, les femmes et les enfans, les malades et les vieillards,
épuisés par le besoin et la douleur, se traînaient
avec effort. Parmi eux se trouvait la jeune et belle
Odaïde, fille de Sadimas, un des chefs valeureux
tombés sous les murs de l'immortelle cité... Jeune
vierge vouée aux autels, la profanation des lieux
saints, le massacre de tous les siens, les derniers
cris de la patrie expirante, remplissaient l'âme d'O-
daïde d'horreur et de pitié. Chaque pas que faisait la colonne était marqué par la perte de quel-

que guerrier blessé. Beaucoup de femmes aussi succombaient, d'autres ne pouvaient suivre. La fille de Sadimas, la fiancée du Seigneur, était avec elles. Assise au bord d'un chemin devenu un champ de carnage, ne voyant, partout où elle portait ses tristes regards, que des objets de douleur et d'épouvante, en vain des yeux elle cherchait un abri : rien ne s'offrait à sa crainte, que des sujets de craindre plus encore. Tout à coup un nuage de poussière s'éleva du côté de Bochori; c'était un gros de cavalerie égyptienne se précipitant sur l'arrière-garde qui protégeait les femmes et les enfans dans la retraite. Un combat sanglant s'engagea. Odaïde, protégée par la distance, vit de loin la férocité des Turcs et des Mamelucks. A genoux dans un ravin, elle implorait le Dieu de ses pères, pour obtenir la mort avant de tomber au pouvoir des barbares. Enveloppée dans son voile, se faisant comme un linceuil de ses vêtemens, et déjà, en idée, enlevée à la terre, elle n'appuyait plus son courage que sur le noble souvenir des siens. Peu à peu les cris et le tumulte cessèrent, et l'amour de la vie, si naturel dans un jeune cœur, commençait à reprendre ses droits sur celui de la vierge de Missolonghi. Elle écarte d'une main tremblante son voile et les longues tresses d'ébène qui tombaient en désordre autour de sa tête; elle regarde... Partout régnait un lugubre silence; elle se lève, et lentement tourne ses pas du côté de Clissova, espérant arriver au monastère de Saint-

Siméon. La lune éclairait par intervalles sa marche incertaine. Qu'elle fut cruelle cette nuit de frayeurs et de défaillances! et cependant combien, aux premiers rayons du jour, Odaïde, l'infortunée Odaïde, regretta ses sombres voiles qui l'avaient dérobée à d'infâmes regards! A cent pas du ravin où elle s'était abritée, Odaïde se vit subitement entourée par un détachement de ces vils Numiens qui, après l'horreur des combats, prolongeaient l'effroi du massacre, en parcourant les champs de bataille pour faire l'abominable moisson des têtes chrétiennes.

La fille de Sadimas fut enlevée par eux et conduite au camp du féroce Ibrahim. « O mon Dieu! disait l'infortunée, tu n'as pas permis qu'une vierge chrétienne mourût au milieu des chrétiens; ne souffre pas qu'elle soit flétrie par les féroces destructeurs de sa patrie; par ceux qui renversent tes temples et profanent tes autels! »

Ibrahim avait dans sa tente un Italien vêtu à l'européenne, et trois chefs de ses hordes barbares, lorsque Odaïde fut amenée devant lui; les fières réponses de la jeune Grecque irritèrent le farouche musulman; déjà il portait la main à son poignard. Un des chefs, se plaçant entre lui et la captive, osa demander grâce pour elle. Ibrahim sourit, *comme le crime sourit au péché...* « Elle te plaît, lui dit-il, je te la donne, à toi le plus vaillant de mes

capitaines, terrible exterminateur des Grecs; je te
la donne, cette fille d'un des défenseurs de Missolonghi. Elle est à toi, dispose de ton bien. » Aussitôt Odaïde est conduite au harem de son maître.
Là, toutes les séductions entourèrent la jeune captive, et, à la liberté près, rien ne lui était refusé.
Mais l'effroi était resté dans son âme. Ses jours et
ses nuits étaient consacrés aux prières et aux
larmes. Elle avait inspiré à son nouveau maître
l'amour le plus vif, et usant du pouvoir que
donne ce sentiment, Odaïde menaçait de se don-
ner la mort à la première violence dont elle serait
l'objet.... Soliman (ainsi se nommait le chef qui
l'avait obtenue d'Ibrahim), Soliman promit de res-
pecter la vierge chrétienne, et il tint sa parole....
Jeune encore et d'une figure remarquable, il y
avait dans son maintien, dans ses manières, une
grâce et une politesse qui contrastaient avec la pe-
santeur, la brutalité et le commandement despo-
tique des autres orientaux. Odaïde en fut frappée,
et insensiblement son cœur en reçut une impres-
sion favorable à son maître. Peu à peu, le séjour
d'un lieu de délices où tout était soumis à ses vo-
lontés, la présence et les discours passionnés de
l'homme qui, pouvant la rendre la plus misérable
des femmes, sollicitait doucement la faveur d'un
doux regard, amollirent le cœur d'Odaïde et y firent naître, avec la plus dangereuse des illusions,
la plus noble des espérances. « Oui, s'écriait souvent la vierge de Missolonghi, oui, Soliman, mon

cœur ne peut rester insensible à une ardeur si pure. Mais je veux faire pénétrer dans le tien, avec l'amour, les trésors de ma foi; je veux que ton bras formidable devienne l'appui de nos chrétiens; nous n'avons qu'une même âme, nous n'aurons qu'un même Dieu; je consacrerai ta vaillante épée à la défense de la croix, à la gloire de la Grèce!... » C'était sous l'ombrage parfumé de bosquets de myrtes et de roses, au sein de toutes les richesses du plus beau climat, que la jeune Odaïde se livrait à ces rêves de l'amour... Un jour le sommeil vint l'y surprendre, et à son réveil elle se vit sans effroi pressée dans les bras de celui dont l'image avait occupé ses heures solitaires; sûre d'être respectée, Odaïde n'opposa que de pudiques refus et de tendres regards aux vœux ardens d'un maître devenu esclave, et qui lui disait : « Odaïde, ma vie dépend de ton amour, te posséder est un bien mille fois au-dessus de la faveur d'Ibrahim et des trésors du Sultan... Parle, Odaïde, que dois-je faire pour t'obtenir de toi-même? » Dominée par une inspiration divine, pleine de confiance dans un amour si vrai, Odaïde n'hésita plus à faire l'aveu de ses sentimens à l'heureux Soliman. Prosterné devant elle, il s'écriait de nouveau : « Parle ! ordonne ! que dois-je faire? — Défendre les chrétiens que tu persécutes; l'époux d'Odaïde doit être leur frère, et c'est sur ce signe révéré de notre salut que je veux recevoir tes sermens, après t'avoir initié à nos saints mystères. — Odaïde, n'achève pas; moi, défendre les Grecs, moi qui le premier enseignai aux Turcs l'art de vaincre les ennemis du Coran! Moi jurer sur cette croix!... Sais-tu bien qui je suis? » Et debout devant elle, les traits défigurés par une pâleur livide, le corps agité d'horribles convulsions, il regardait avec effroi le signe révéré des chrétiens. Odaïde épouvantée n'osait plus lever sur Soliman ses yeux que la terreur tenait baissés. « Sais-tu bien, reprit Soliman, que j'ai abjuré ma patrie et mon Dieu, que je suis Selves le renégat? — Oh! s'écria Odaïde couvrant son visage de ses mains, fuis, fuis, infidèle!.... Toi Français! toi né au milieu d'un peuple de héros, un peu d'or a pu t'armer contre les enfans de la liberté sainte! C'est contre la croix, c'est contre les chrétiens que tu as reniés, que tu as trafiqué de ton âme et de ton courage. Persécuteur de ma patrie, des hommes de la tienne.... ah! je saurai me punir d'avoir pu supposer quelque vertu à qui les a trahies toutes. »

Odaïde s'élance vers le précipice qui borde le jardin de Soliman; et là, comme suspendue sur l'abîme, étendant les bras vers son amant épouvanté, elle lui dit : « Fais un seul pas vers moi, et la pointe des rochers du torrent va déchirer le sein d'Odaïde. Soliman-Bey! Selves le renégat! ton nom est maudit par tout ce qui reste des malheureux Grecs, et par cette belle France dont les fils combattent dans nos rangs tu passeras; infâme, flétri d'âge en âge ; tu tomberas sans gloire, frappé par une épée chrétienne ; ta valeur fera ton opprobre ; tu tomberas, comme tombent les transfuges, dans les rangs de l'étranger ! Ah ! continua la belle vierge en versant des larmes , lorsque vous m'avez sauvée du poignard d'Ibrahim , la voix secrète qui me parlait pour vous était un hommage involontaire au pays qui vous a vu naître.

» Noble France ! patrie de héros ! le cœur d'Odaïde ne pouvait devenir le prix que d'un fils de la Grèce ou d'un de tes valeureux enfans..... Selves, le repentir est une noble vertu ; reviens à ton Dieu, reviens à l'honneur : nous ne pouvons vivre l'un pour l'autre, mais fais que je puisse te plaindre, et me pardonner à moi-même de t'avoir aimé. »

A peine Odaïde achevait ces mots, qu'un trait, lancé d'une invisible main, fend l'air et lui perce le cœur ; elle tombe, et ce beau corps, bondissant de rochers en rochers, roule sanglant et déchiré au fond de l'abîme. Le chef farouche du farouche renégat, Ibrahim, instruit de la passion de Soliman pour la jeune Grecque, le faisait épier jusque dans le secret de son harem ; et c'est de la main du barbare fils d'Ali qu'était parti le trait fatal. Ibrahim avait besoin de Selves , il le sauva de son désespoir.

«Tu voulais donc me trahir pour une femme? lui dit-il ; que le Prophète te pardonne, mais qu'au-

cune esclave grecque n'entre plus dans ton harem.
Tôt ou tard elles te posséderaient, et c'est toi qui
dois posséder tes esclaves. » Le renégat écoutait
dans un morne silence : agité par de nobles pensées
il allait venger Odaïde et la Grèce.... Mais Ibrahim
parla de trésors, de dignités nouvelles, et l'homme
qui avait sacrifié son honneur, sa patrie, son Dieu
à ces idoles des âmes sans vertu, oublia bientôt et
ses projets de vengeance et le souvenir de la vierge
de Missolonghi (1).

(1) Le fond de cette anecdote est historique, Odaïde était fille du
général Sadimas, tombé à Missolonghi, et parente de l'evêque Joseph.
Cet acte d'atroce despotisme eut lieu aux environs de Dermellista.

(Note de l'auteur.)

FIN.